## Trace with Me

# Pre-Handwriting
## Practice

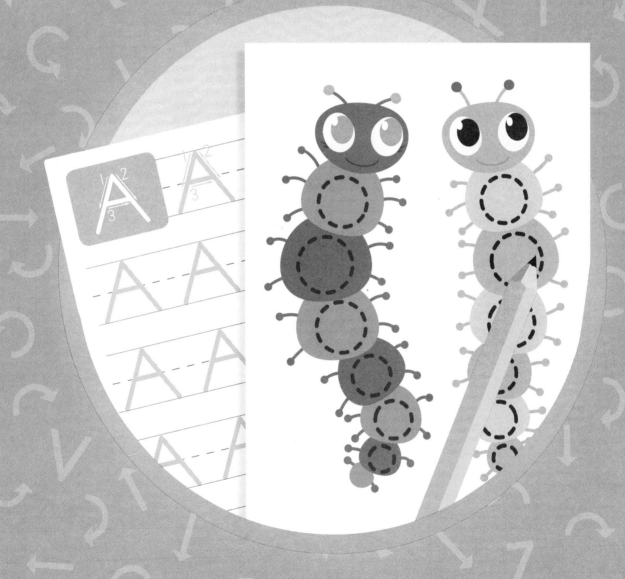

Thinking Kids®
Carson-Dellosa Publishing LLC
Greensboro, North Carolina

Thinking Kids®
Carson-Dellosa Publishing LLC
PO Box 35665
Greensboro, NC 27425  USA

Printed in the USA • All rights reserved.                    ISBN  978-1-4838-4589-0
05-014197784

Make learning how to print a fun and successful experience for young children. Instead of presenting letters in alphabetical order, this pre-handwriting book follows a developmentally appropriate sequence that supports children as they learn how to correctly hold a pencil and make various handwriting strokes. The strokes taught in this book are:

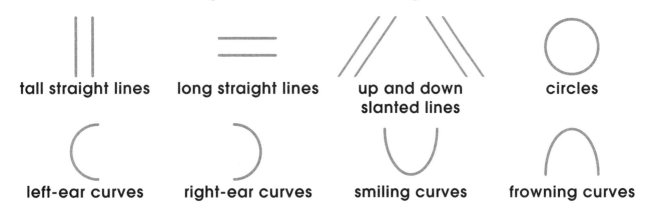

| | | | |
|---|---|---|---|
| tall straight lines | long straight lines | up and down slanted lines | circles |
| left-ear curves | right-ear curves | smiling curves | frowning curves |

## Sequence of When Letters Are Introduced

| tall and long straight lines |
|---|
| I    i    L    T    t    F    E    H    I |

| tall slanted lines |
|---|
| V    W    N    M    Z    X    A    Y    K |

| small slanted lines |
|---|
| v    w    z    x    y    k |

| circles |
|---|
| O    Q    o |

| left-ear curves |
|---|
| C    G    c    a    d    e    g    q |

| right-ear curves |
|---|
| D    P    B    R    b    p |

| left- and right-ear curves | smiling curves |
|---|---|
| S    s | U    J    u    j |

| frowning curves |
|---|
| n    m    h    r    f |

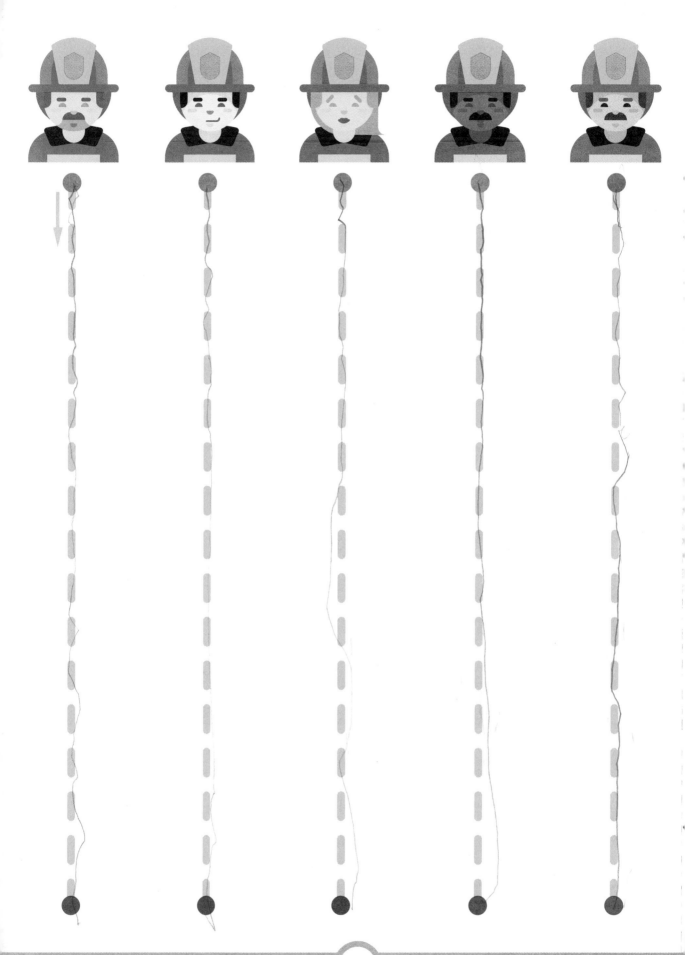

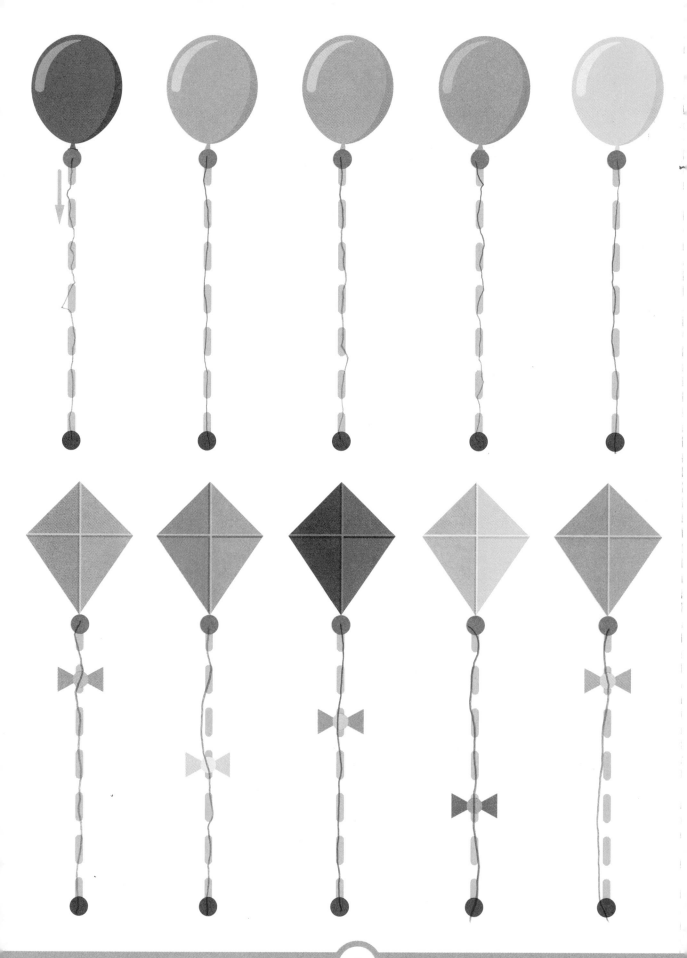

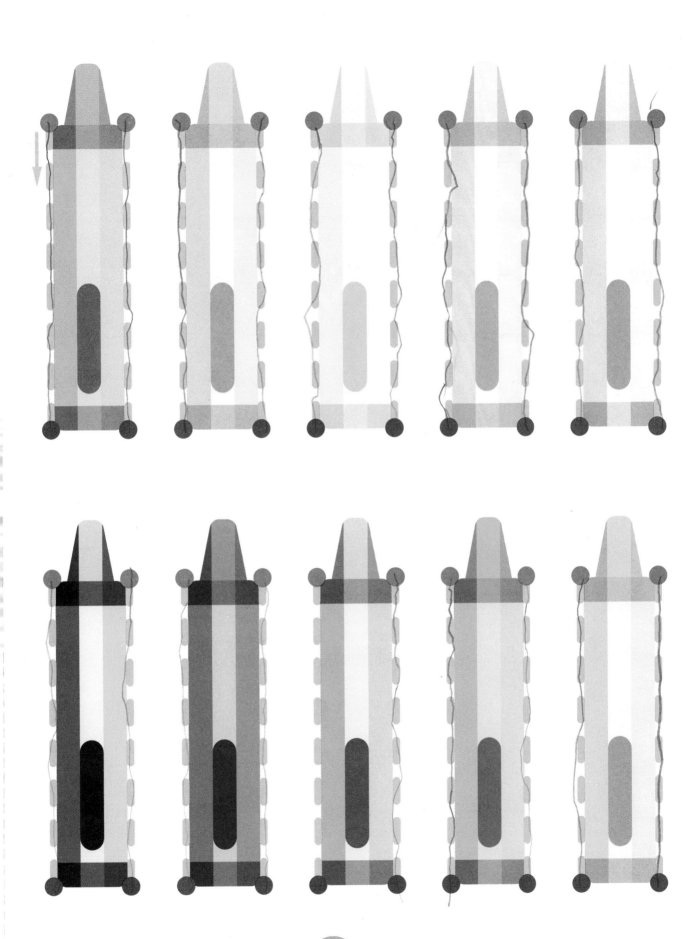

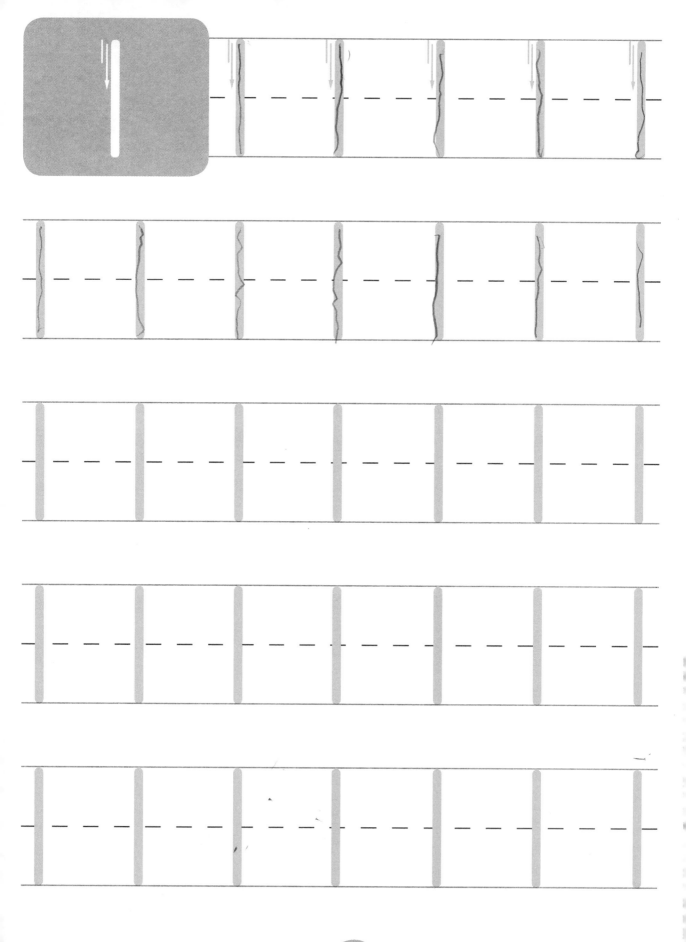

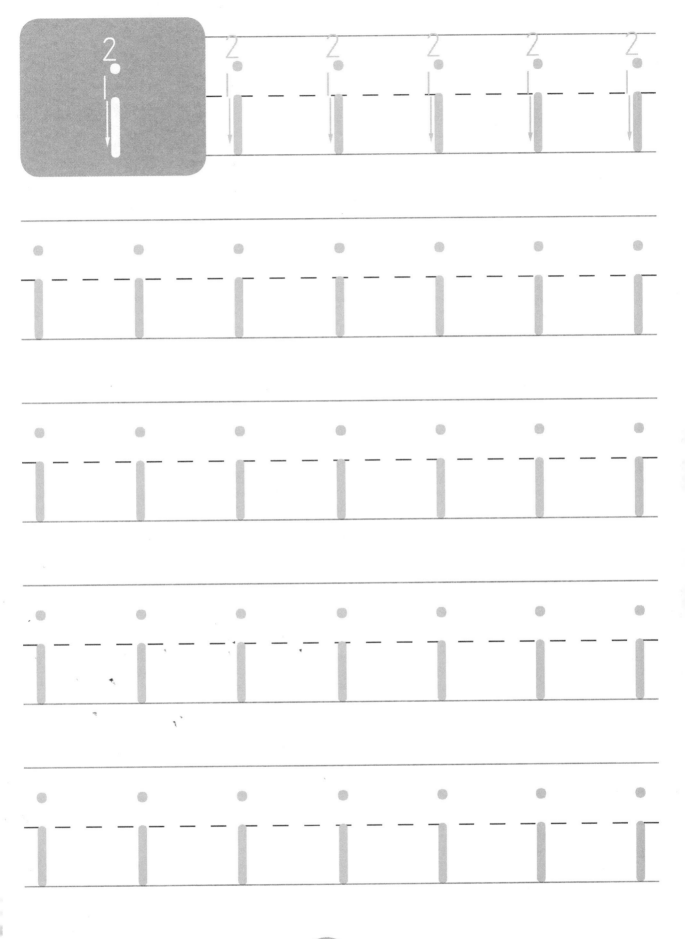

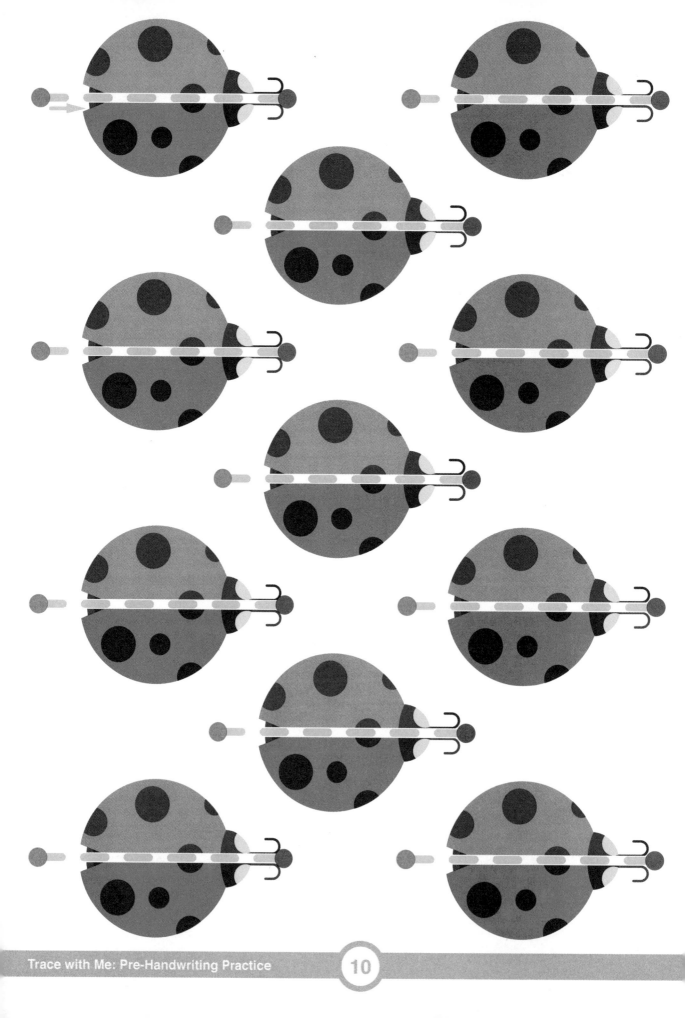

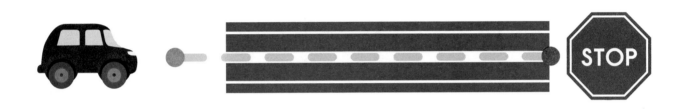

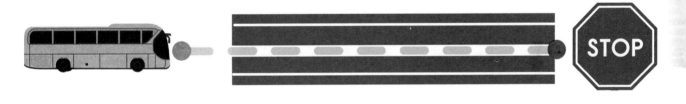

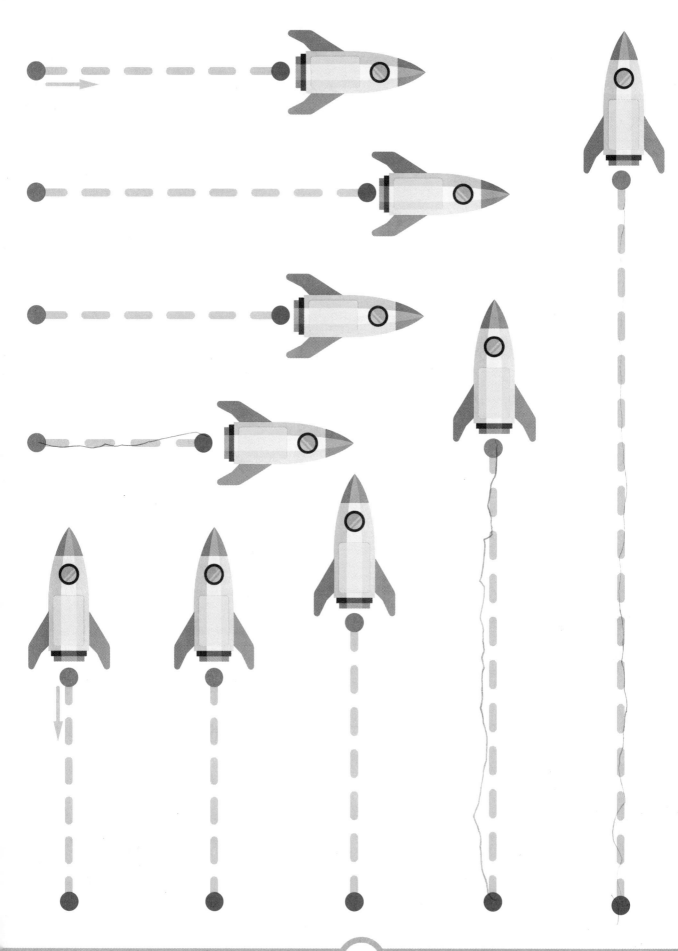

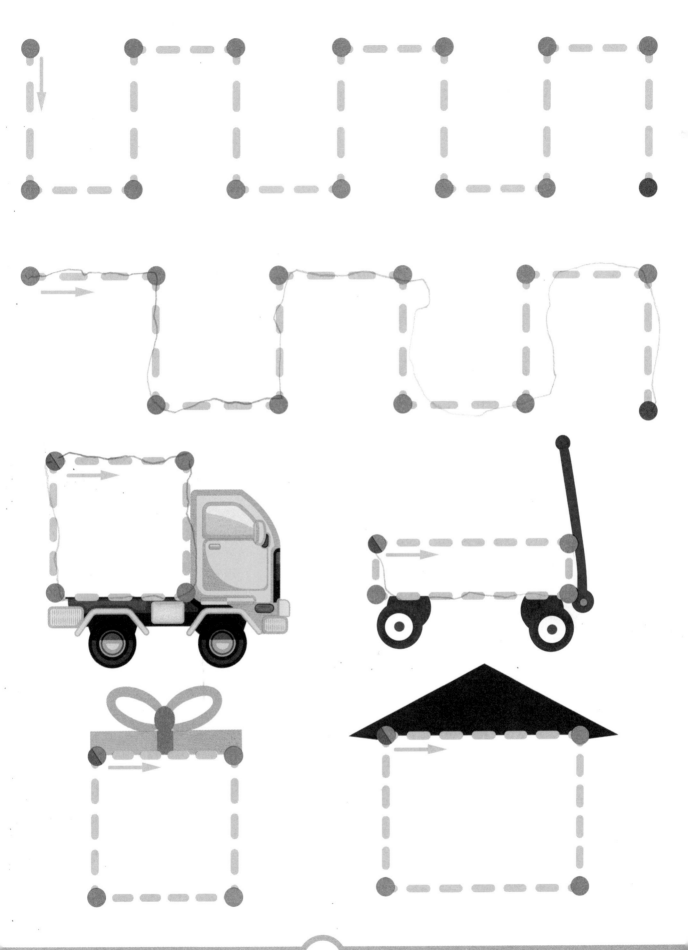

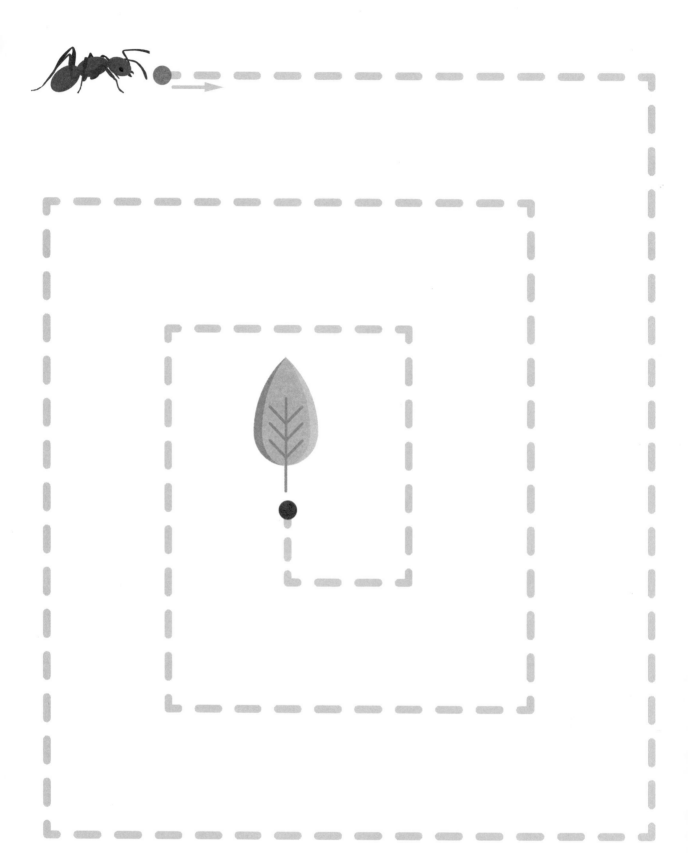

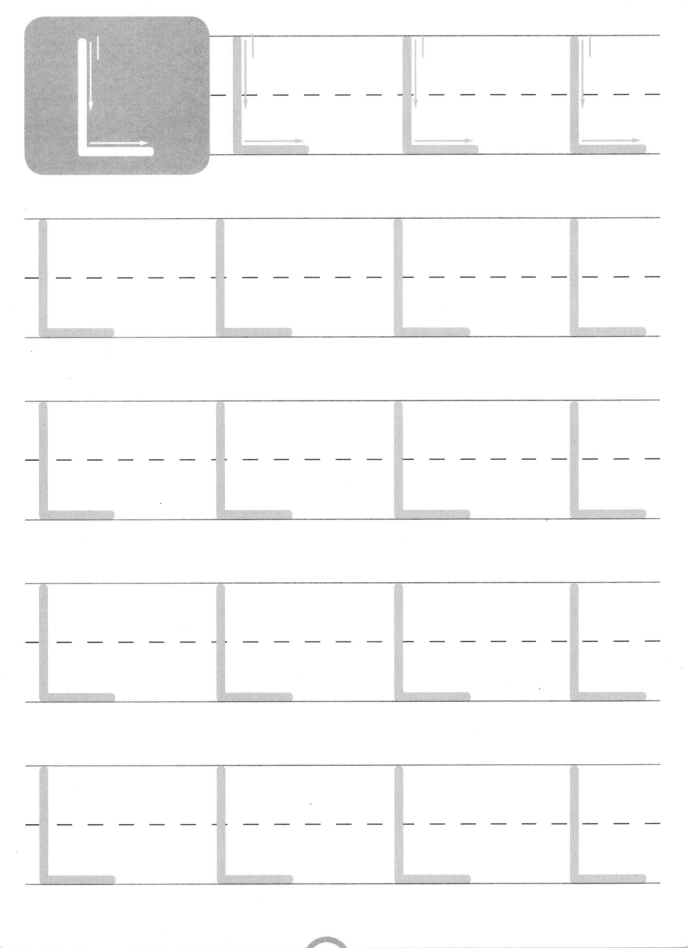

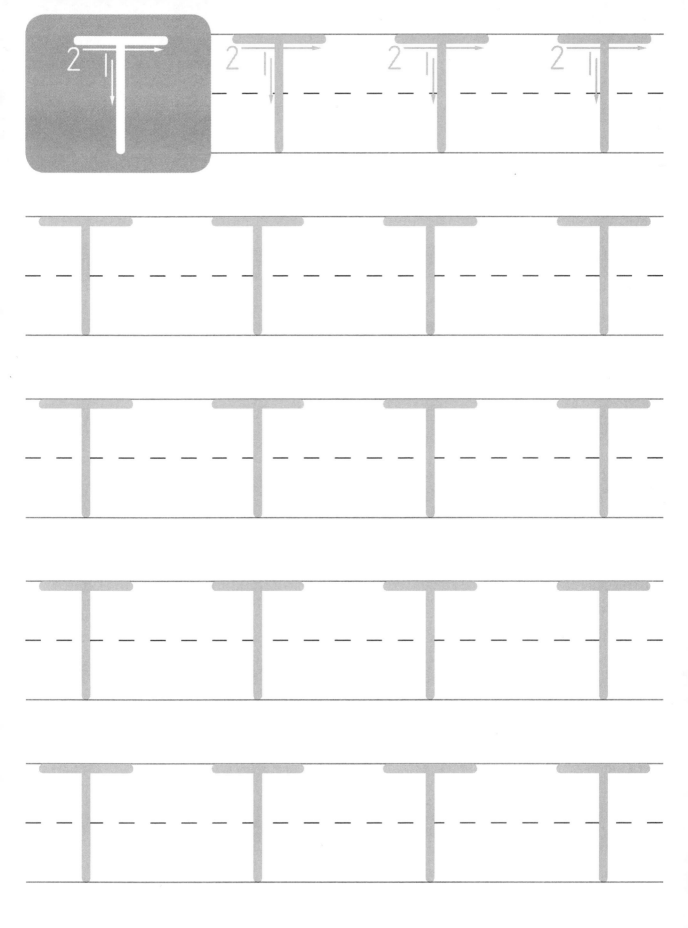

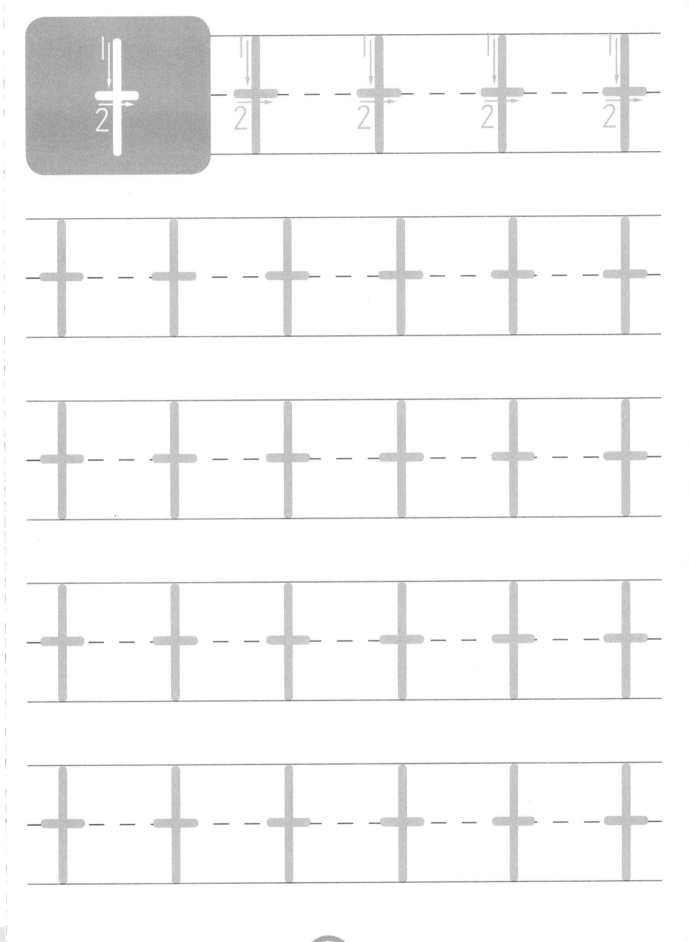

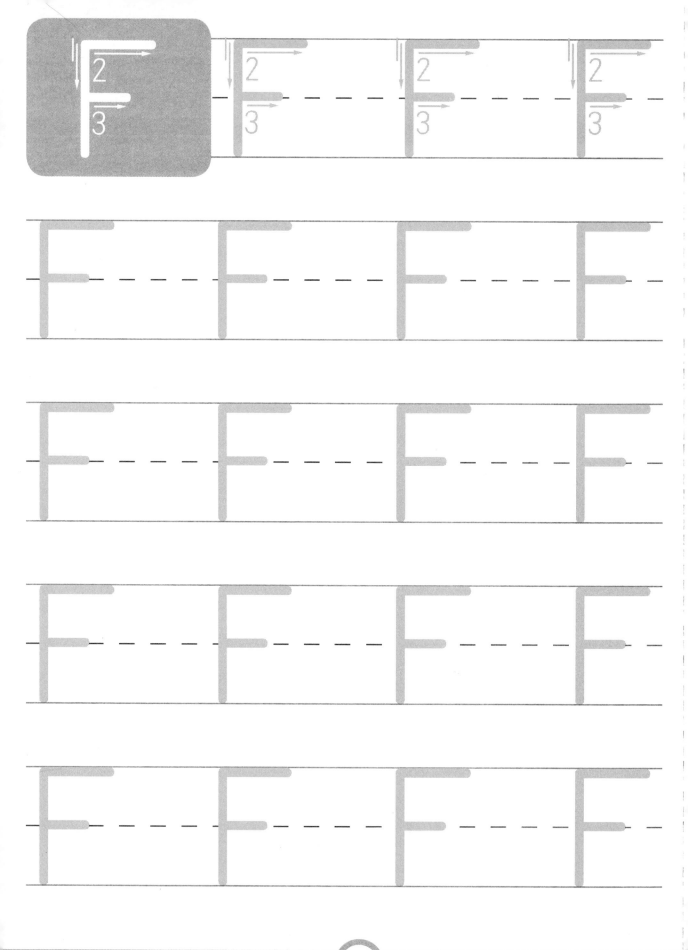

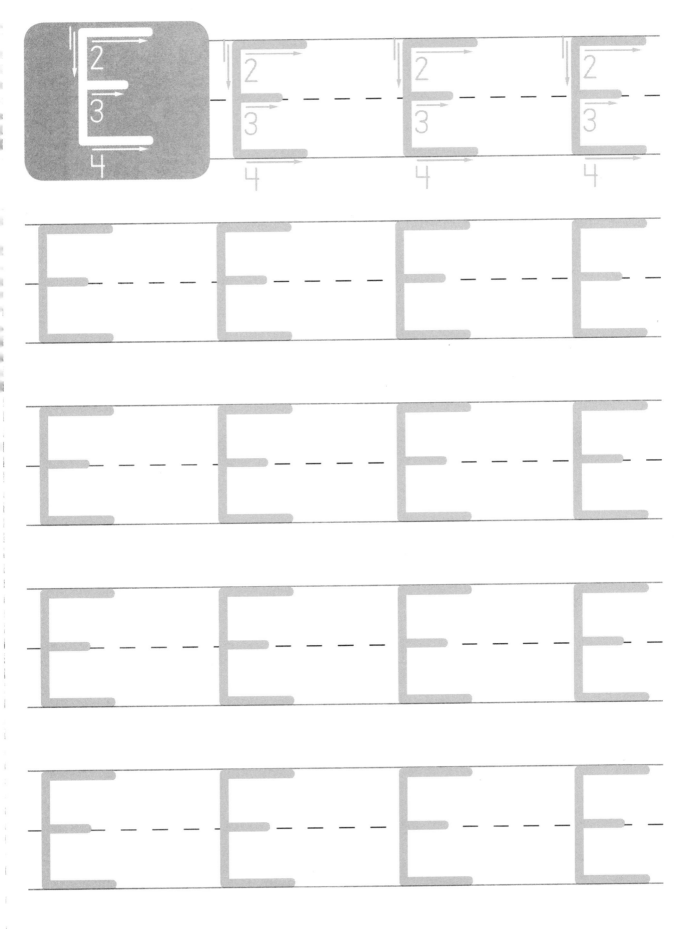

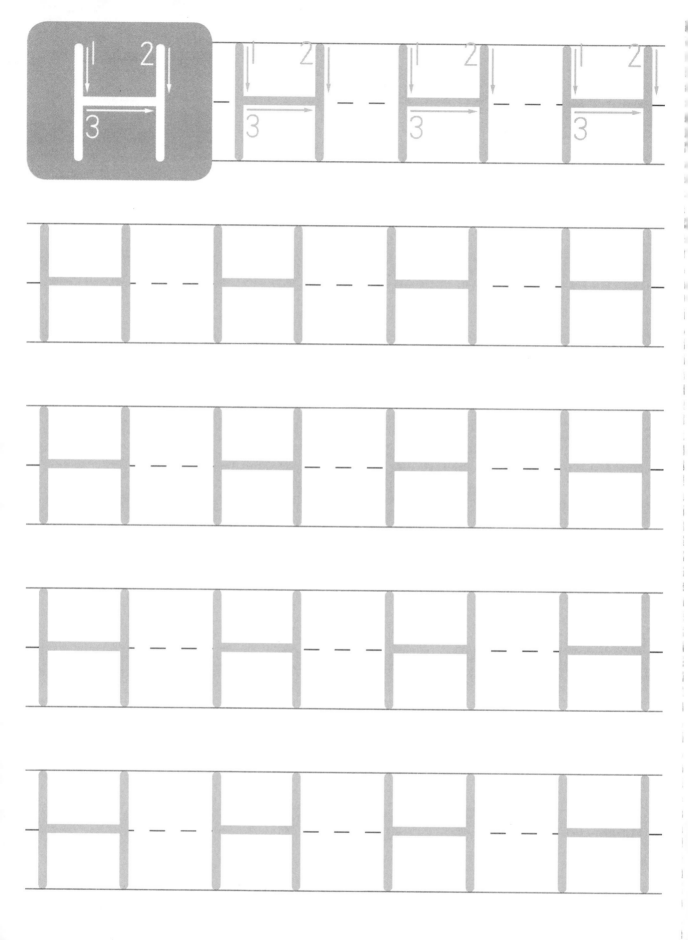

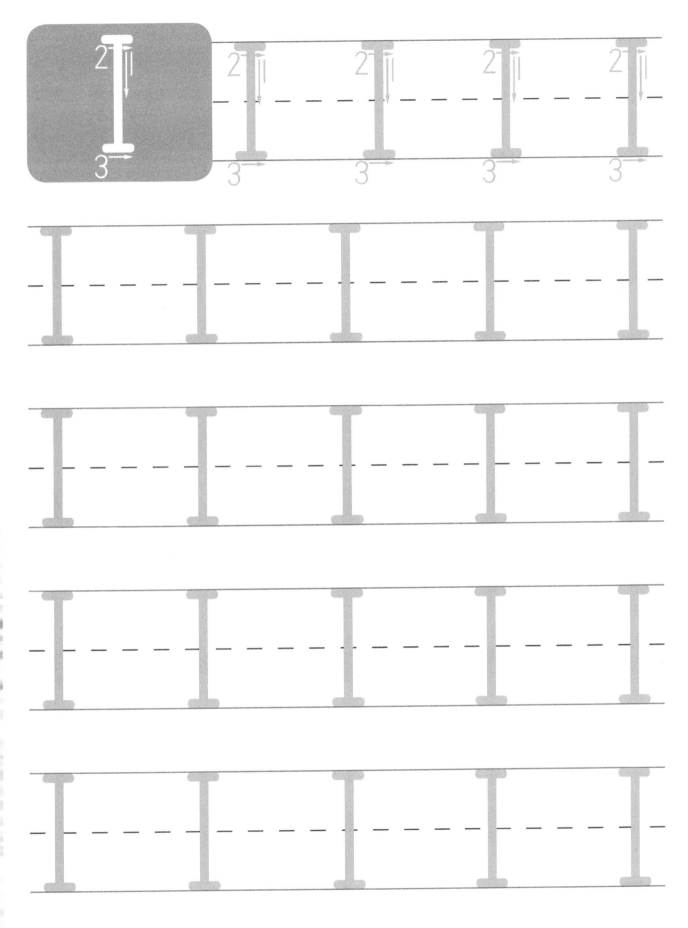

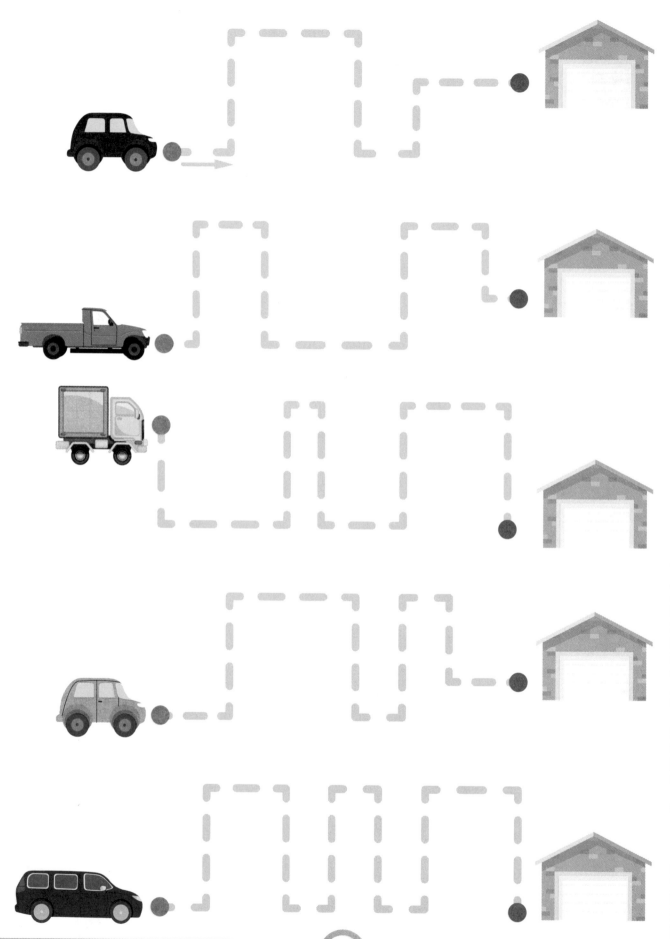

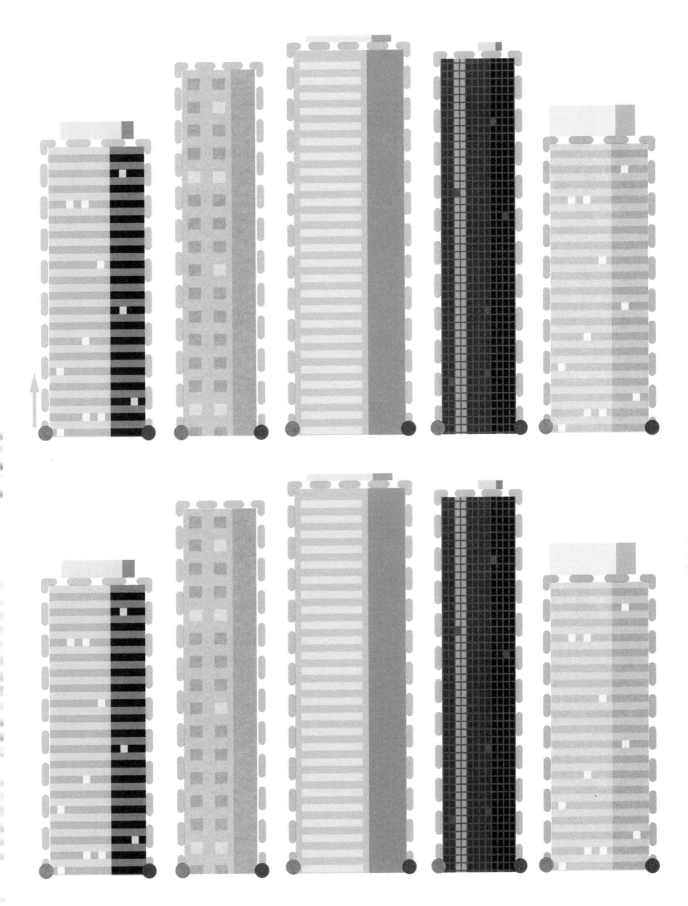

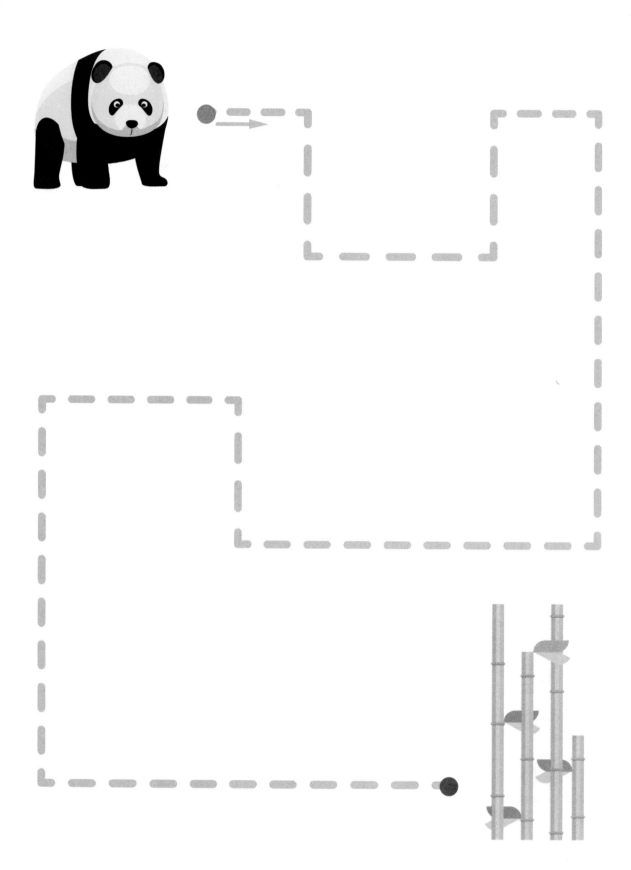

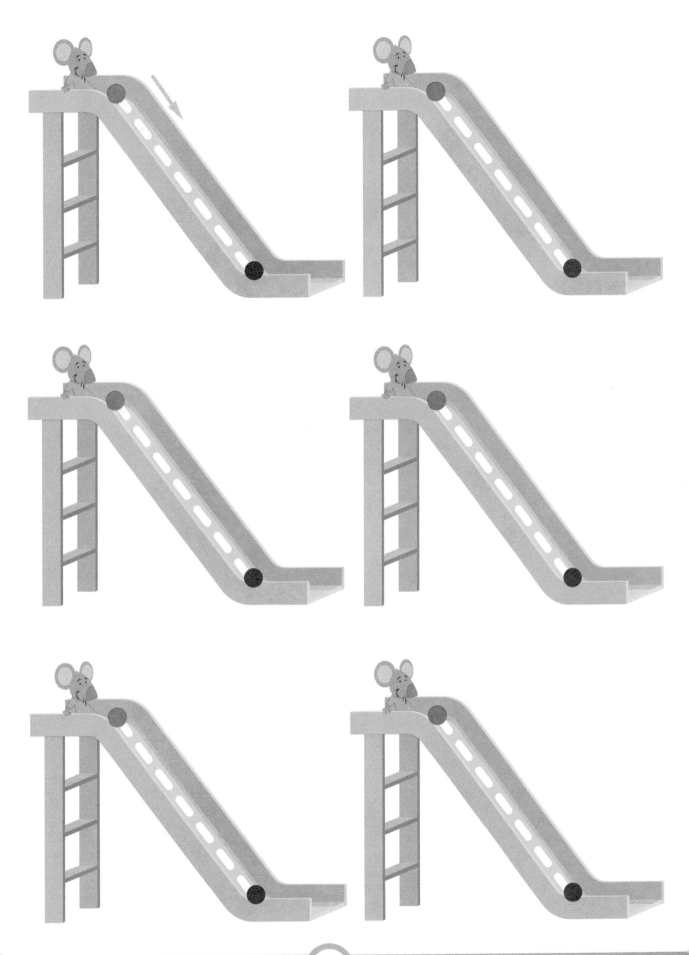

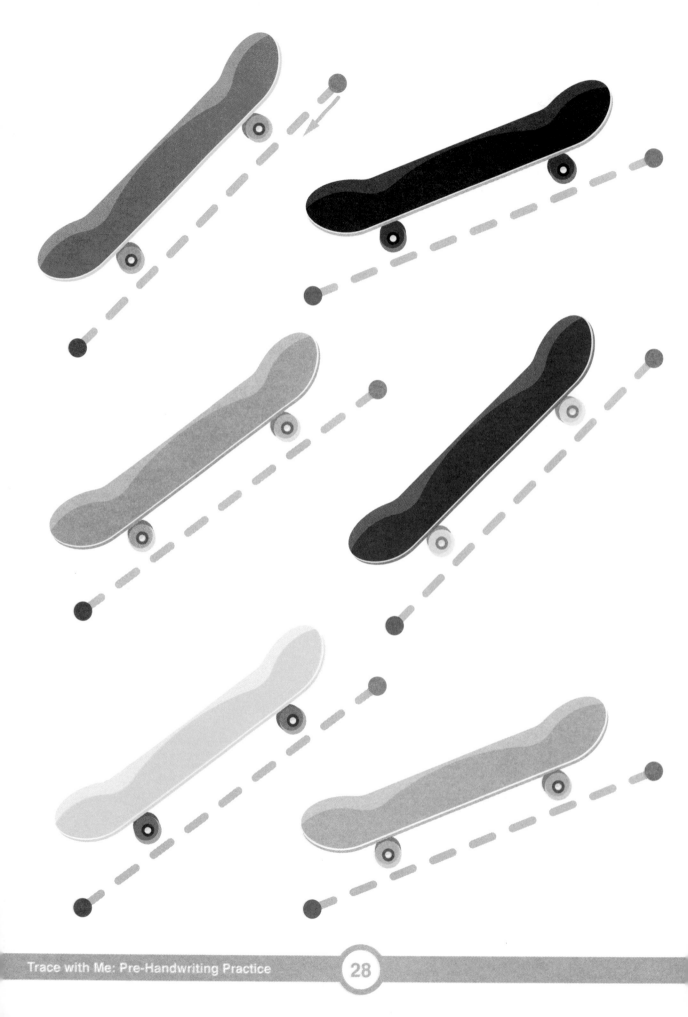

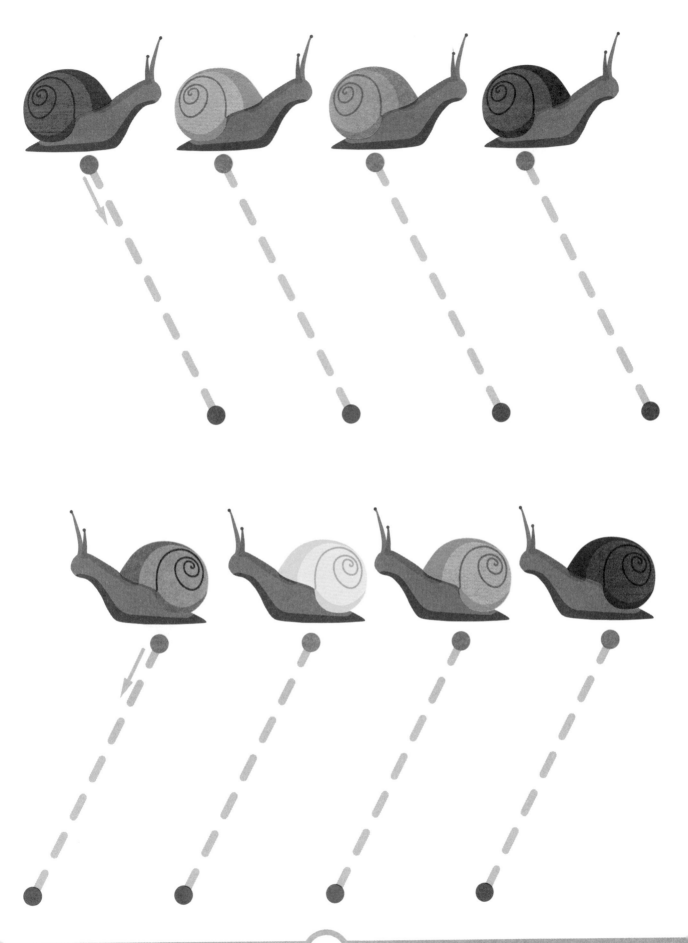

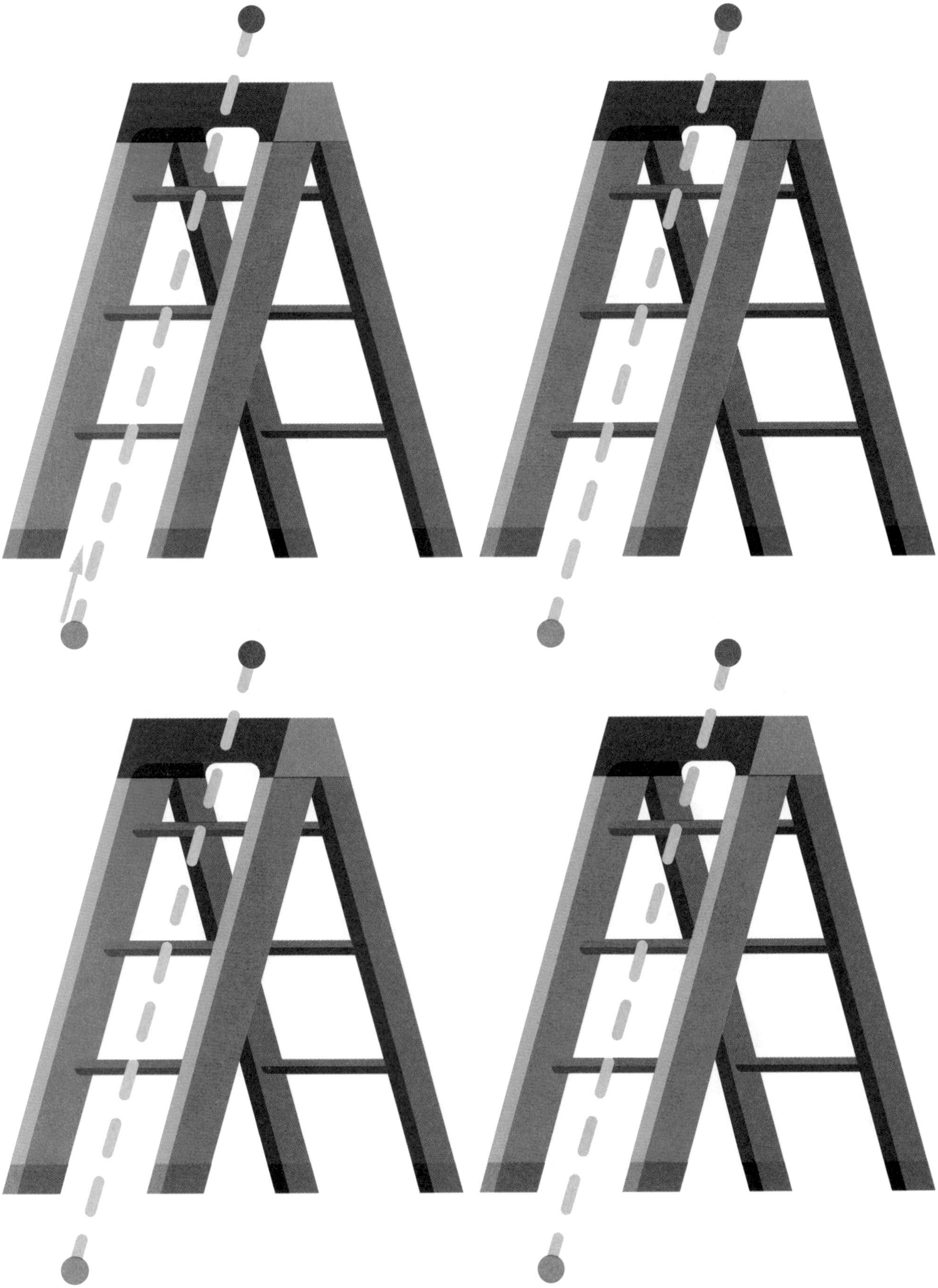

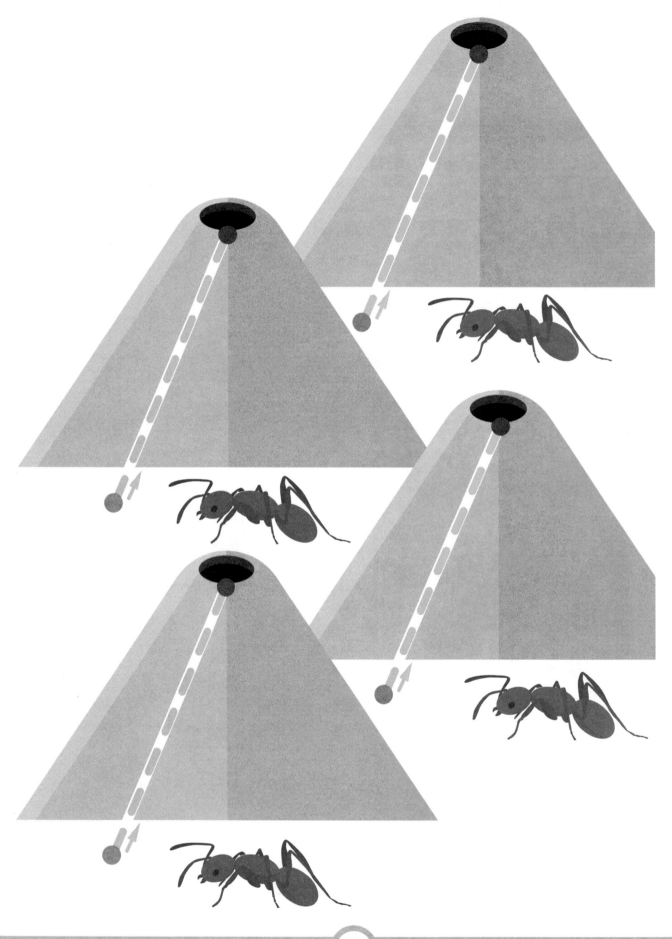

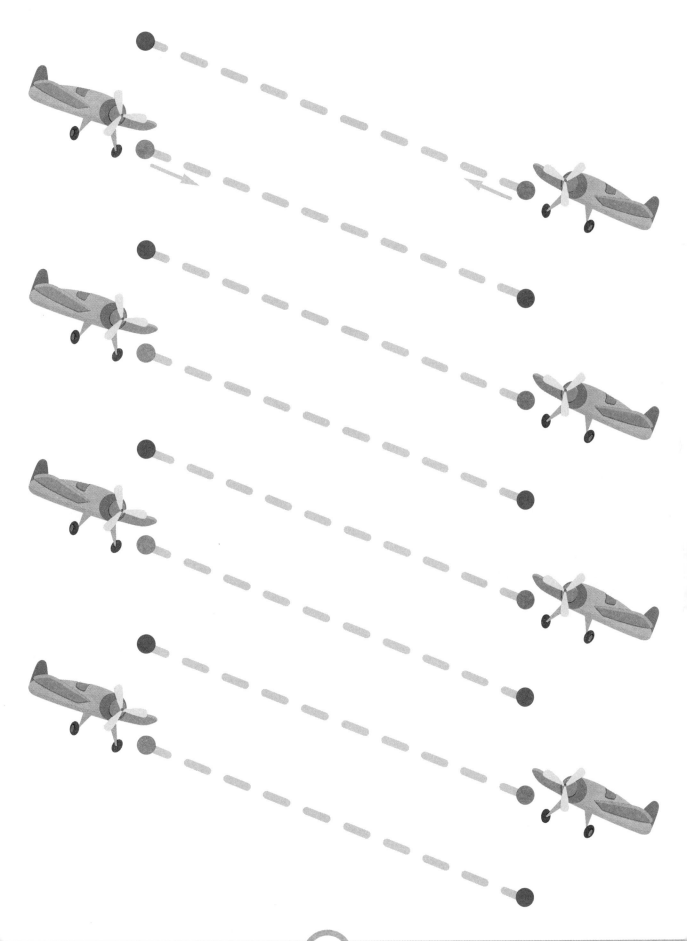

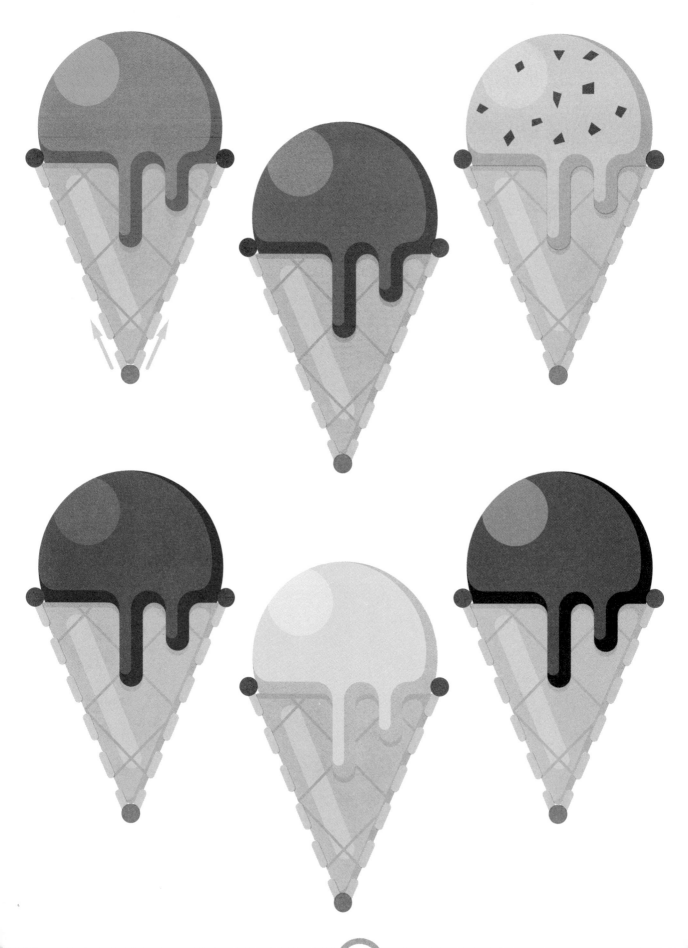

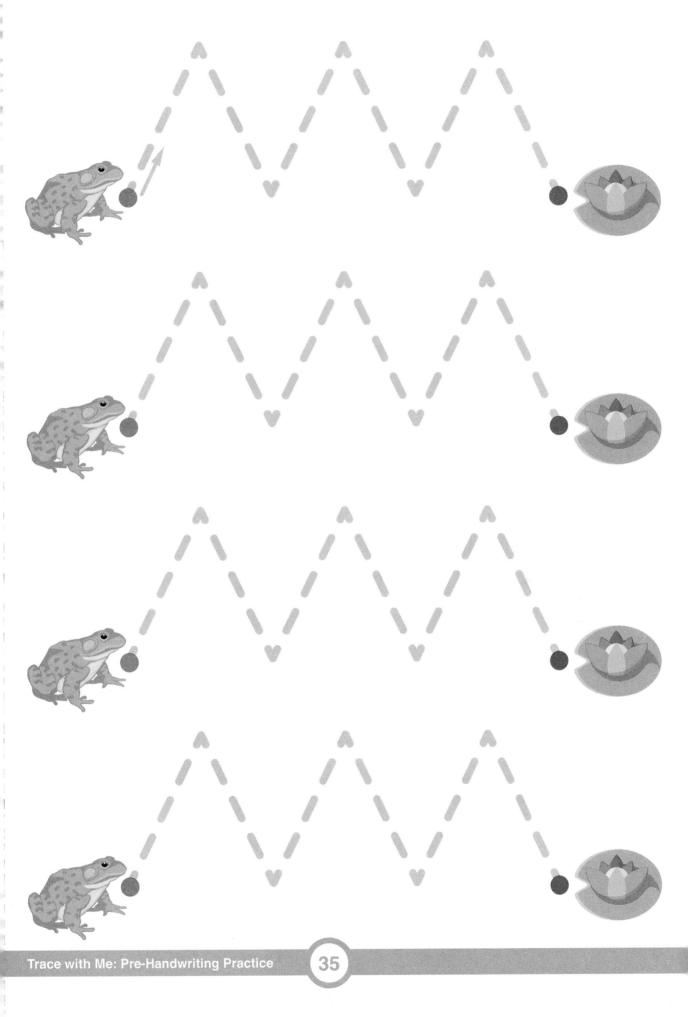

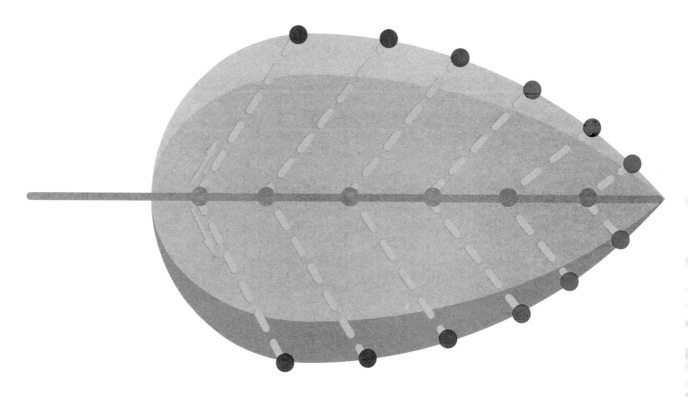

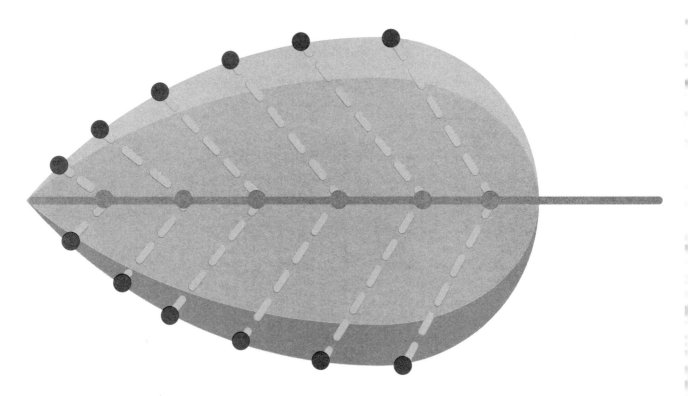

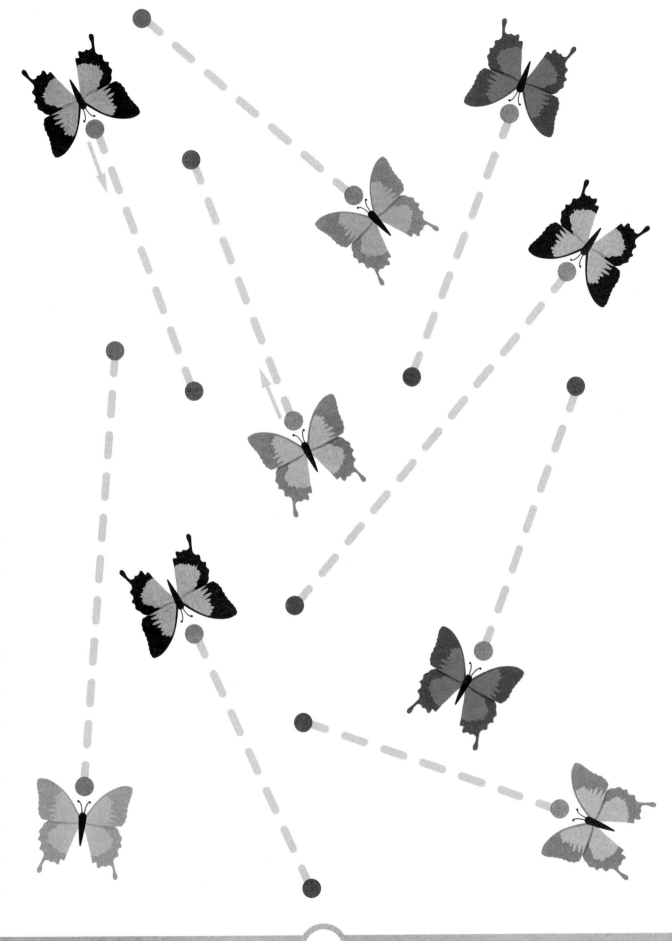

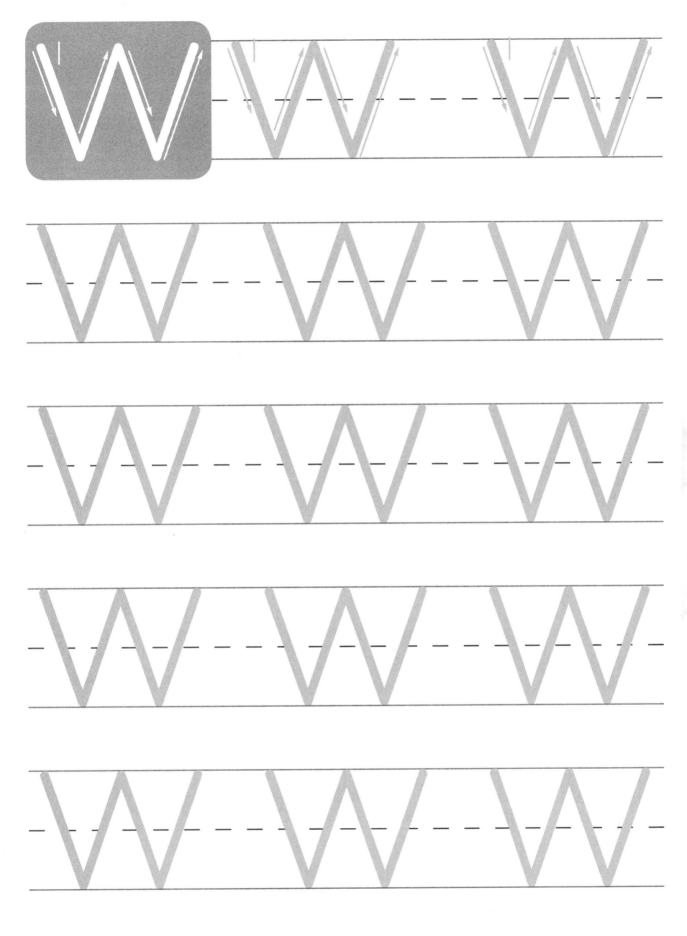

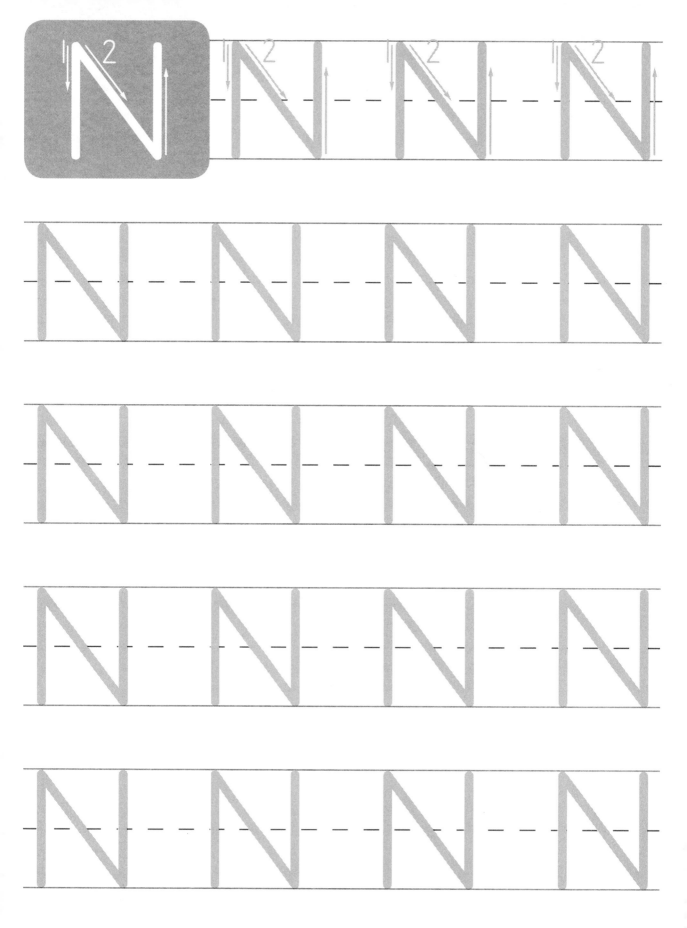

# M

Z

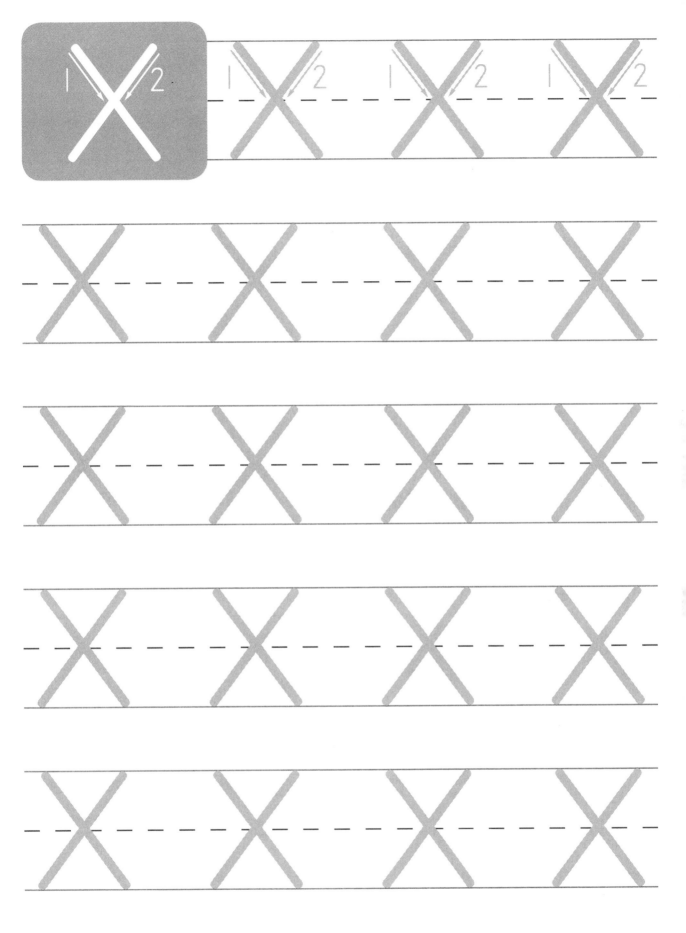

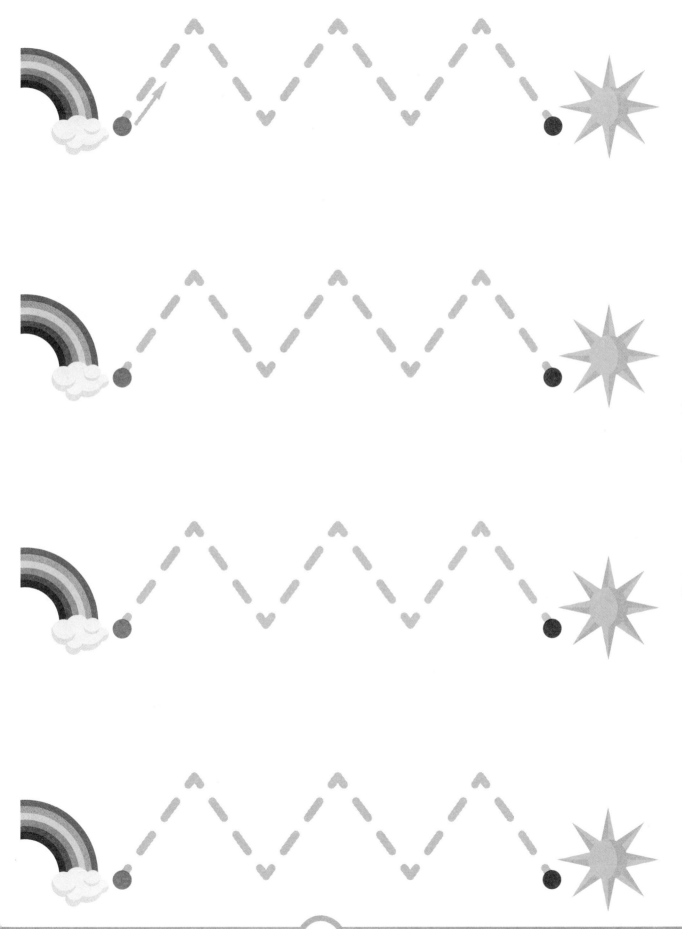

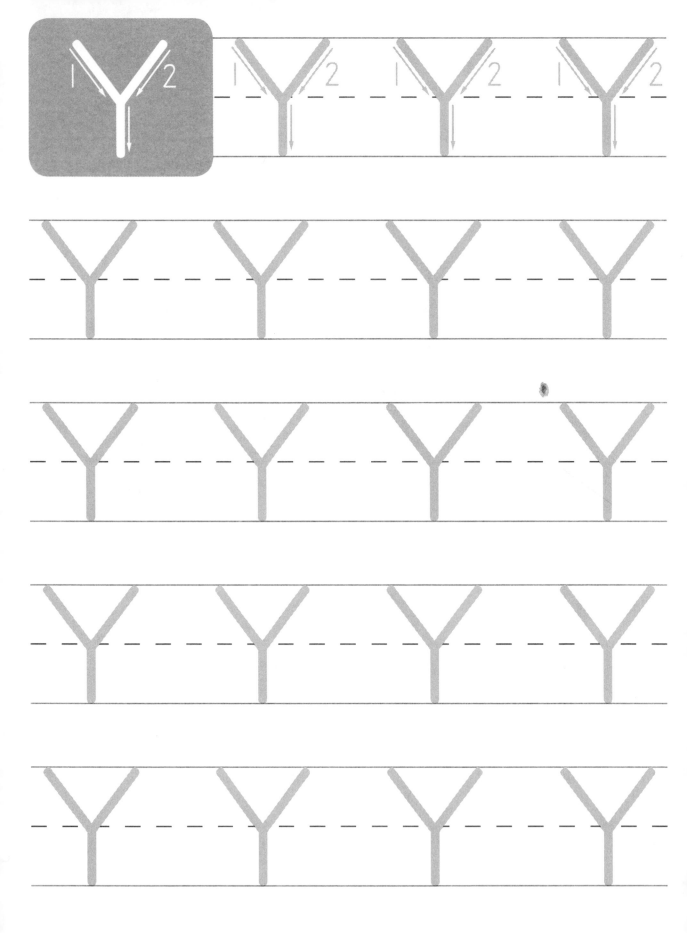

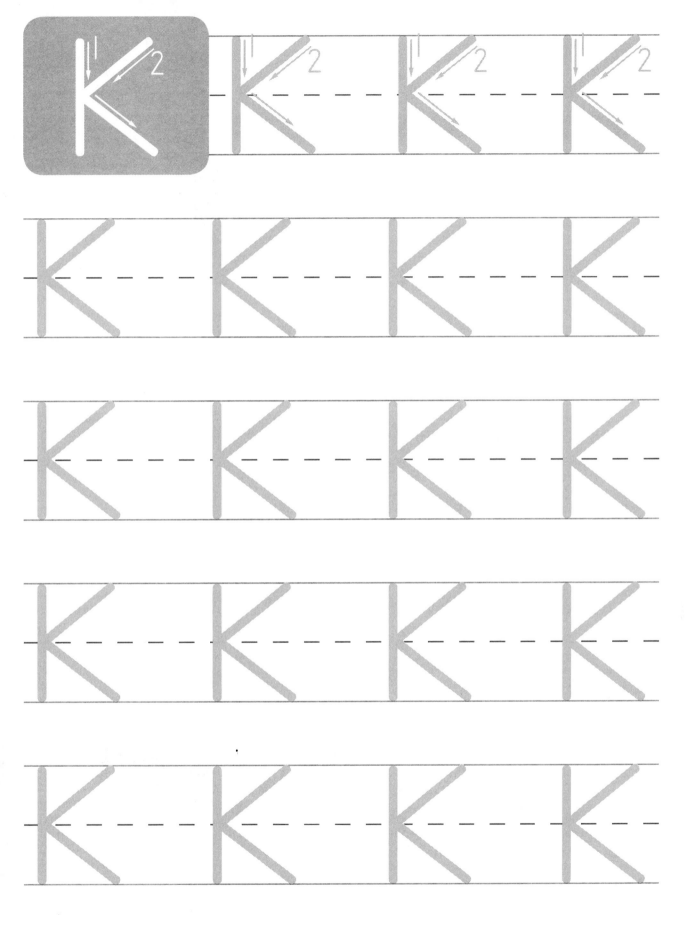

# Z

k²

k k k k

k k k k k k

k k k k k k

k k k k k k

k k k k k k

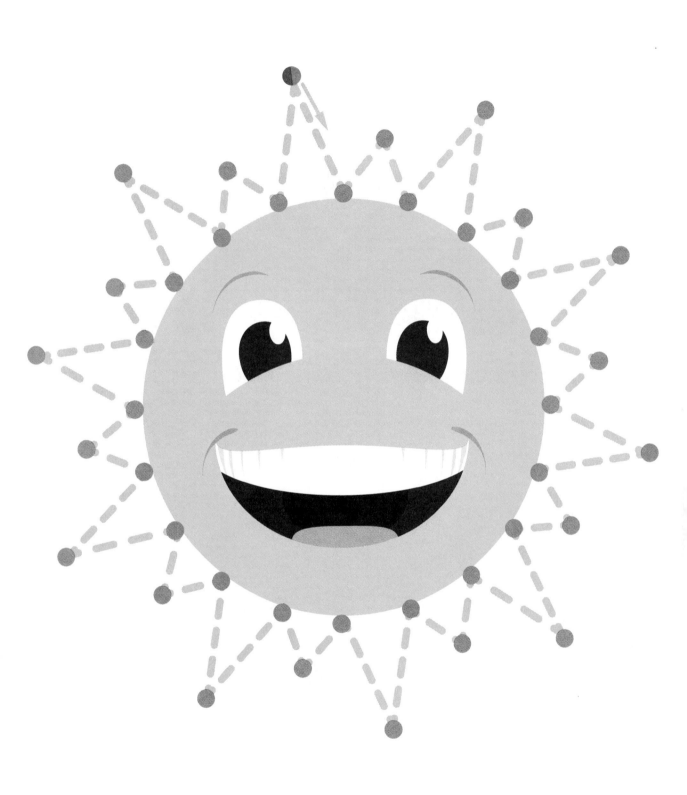

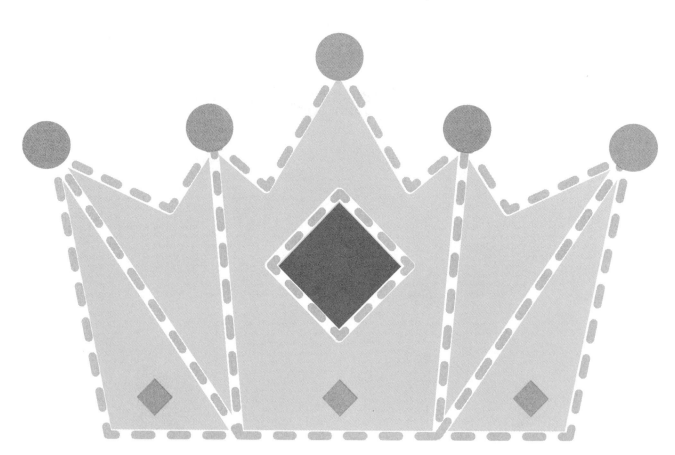

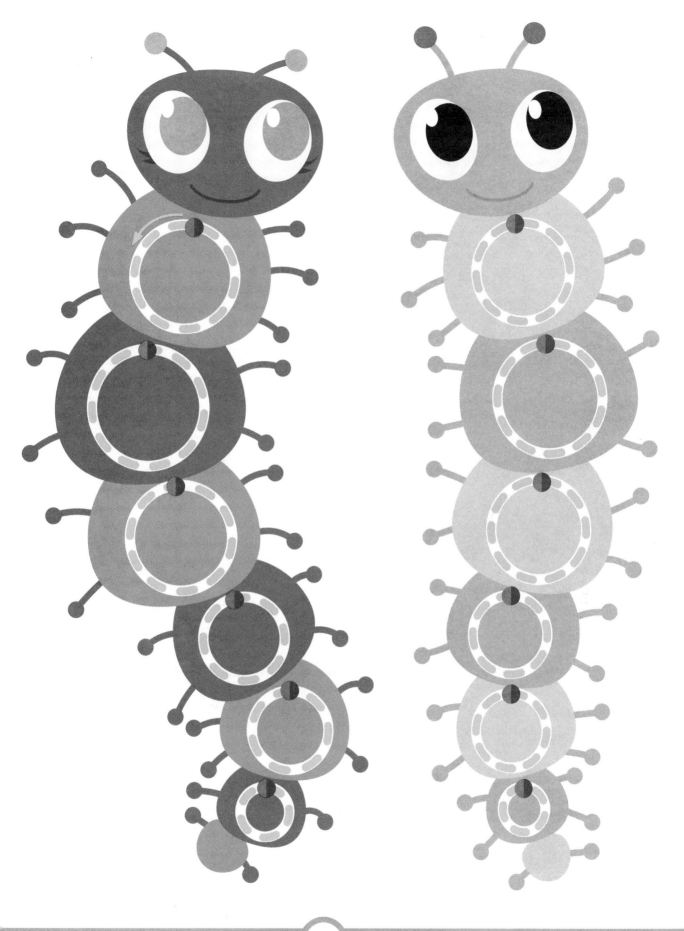

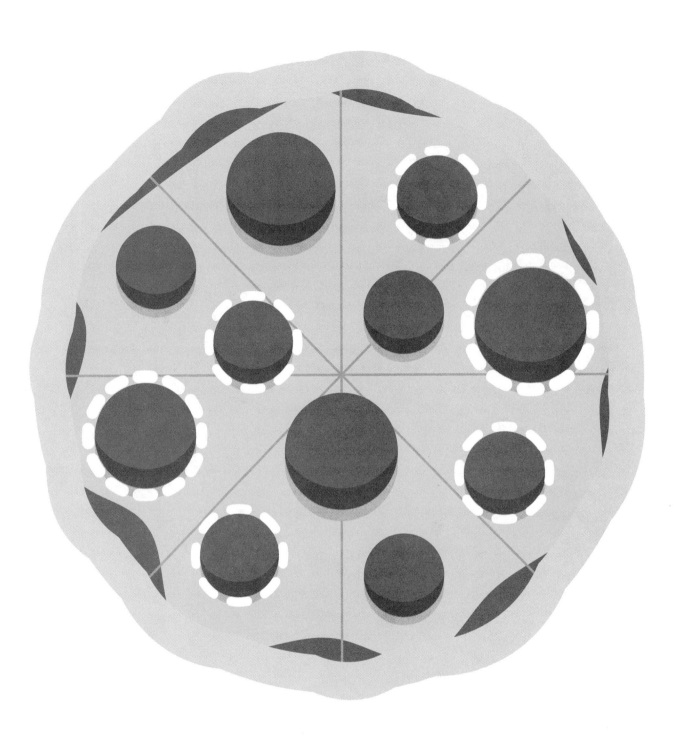

C C C C

C C C C

C C C C

C C C C

C C C C

# G

C C C C C

C C C C C C

C C C C C C

C C C C C C

C C C C C C

a a a a a a

a a a a a a

a a a a a a

a a a a a a

a a a a a a

d

d d d d d d

d d d d d d

d d d d d d

d d d d d d

e e e e e

e e e e e e

e e e e e e

e e e e e e

e e e e e e

g

g g g g

g g g g g g

g g g g g g

g g g g g g

g g g g g g

q

q q q q

q q q q q q

q q q q q q

q q q q q q

q q q q q q

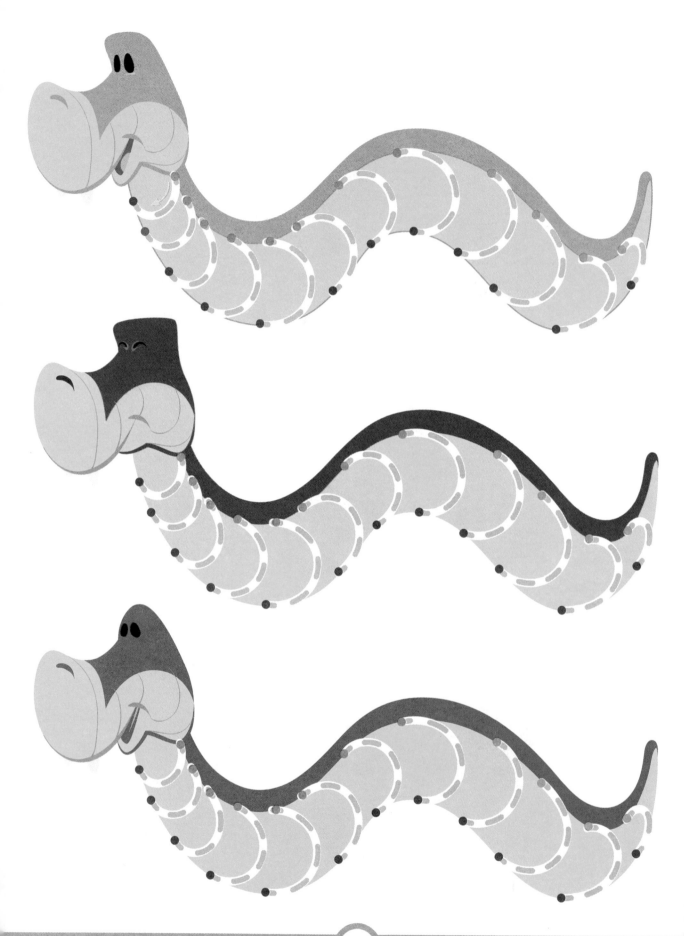

P P P P

P P P P

P P P P

P P P P

P P P P

B B B B

B B B B

B B B B

B B B B

B B B B

R R R R

R R R R

R R R R

R R R R

R R R R

b b b b

b b b b b b

b b b b b b

b b b b b b

b b b b b b

p

p p p p

p p p p p p

p p p p p p

p p p p p p

p p p p p p

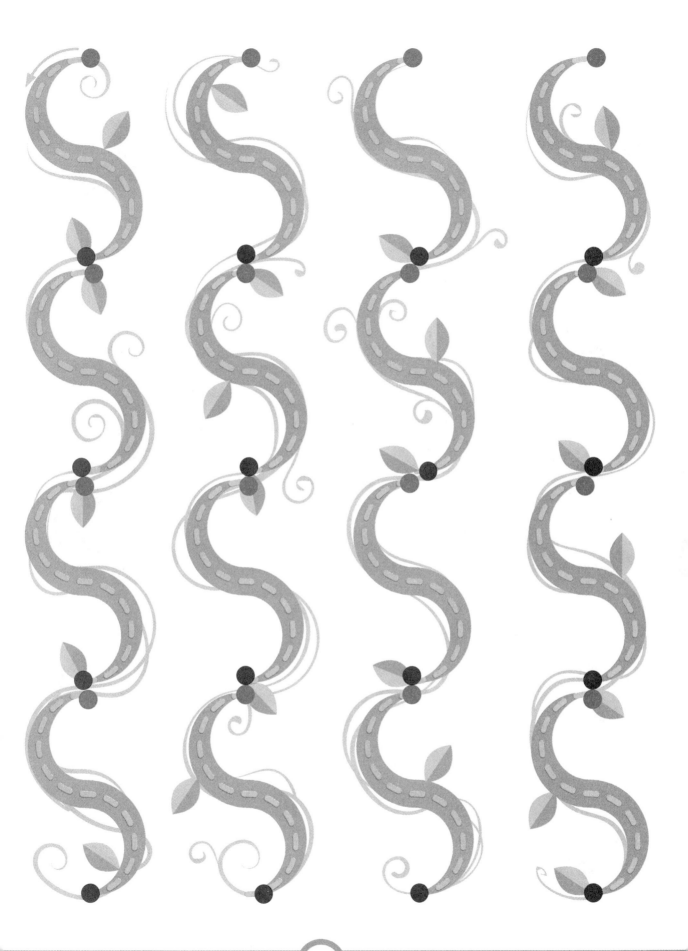

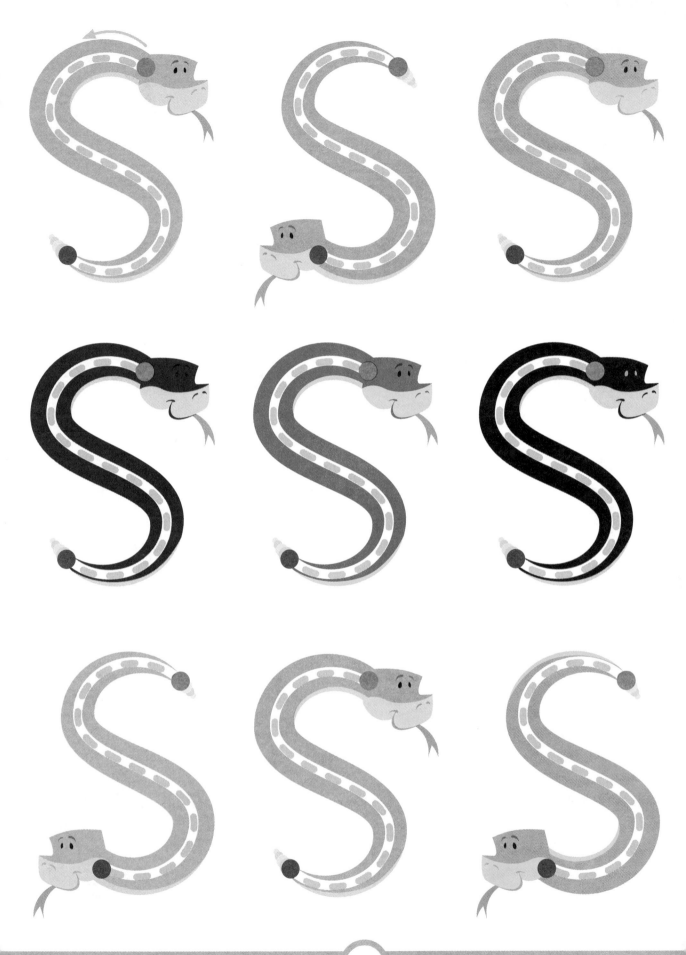

S S S S
S S S S
S S S S
S S S S
S S S S

S

S S S S S

S S S S S S

S S S S S S

S S S S S S

S S S S S S

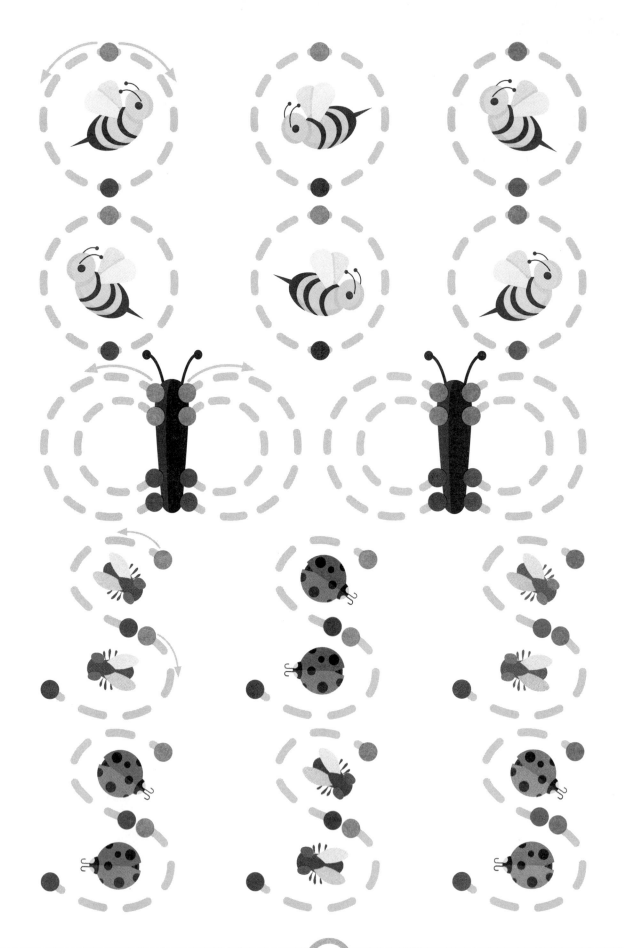

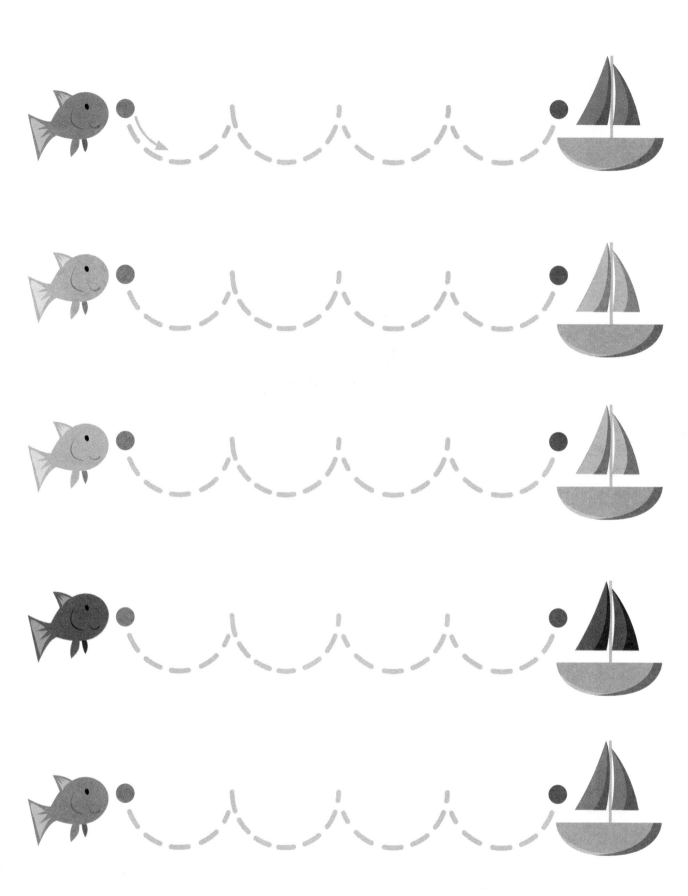

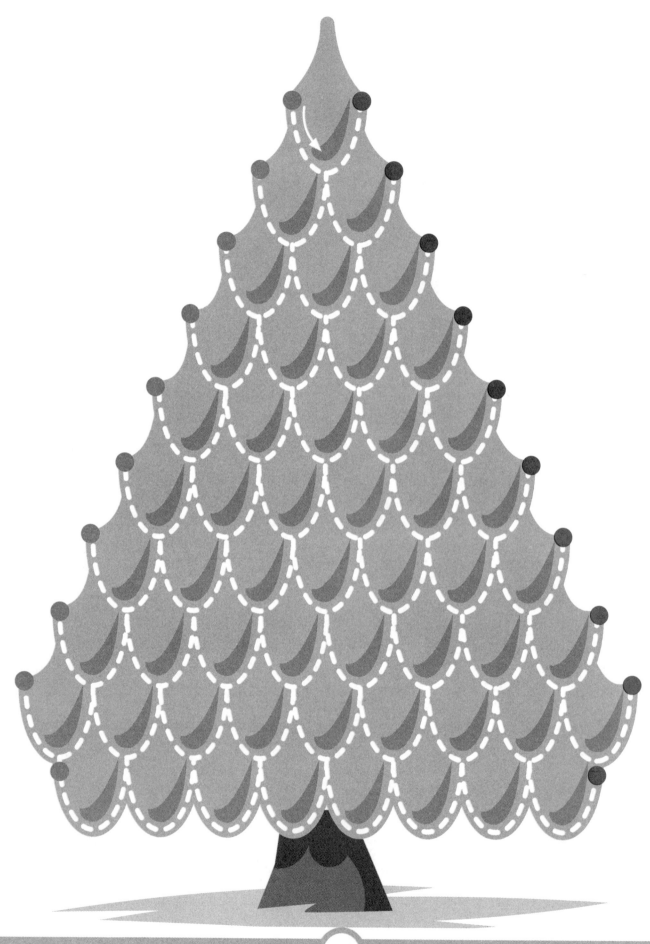

# U

J

u

u u u u

u u u u u u

u u u u u u

u u u u u u

u u u u u u

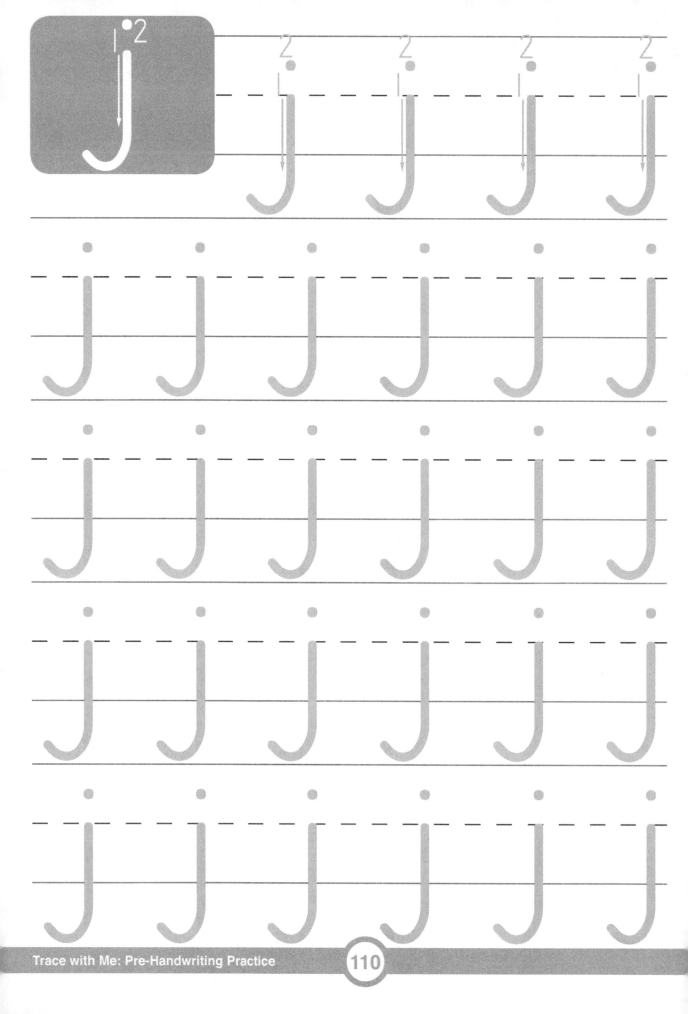

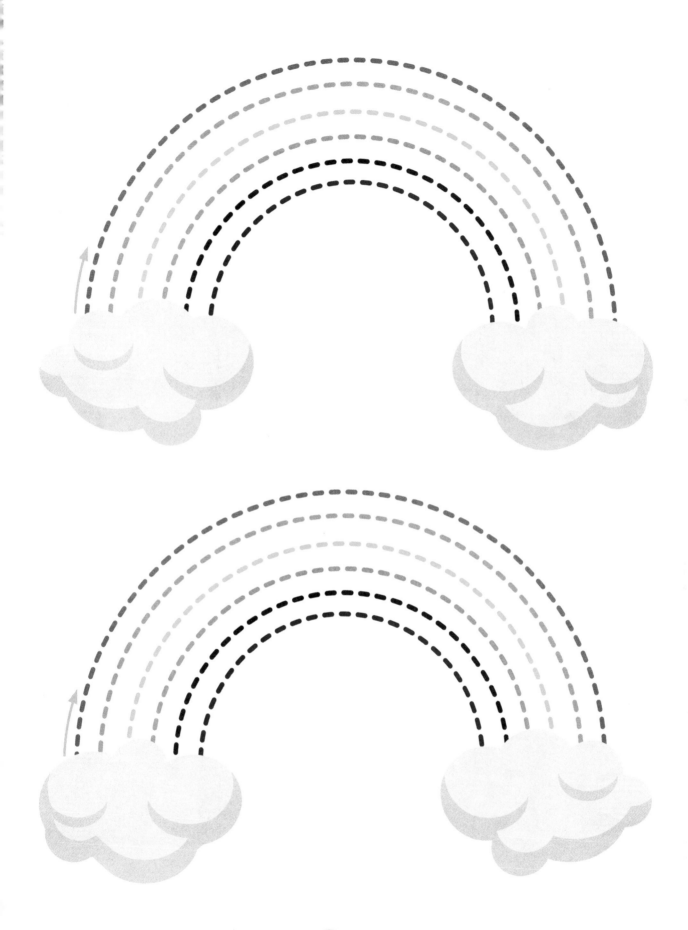

n n n n n n

n n n n n n

n n n n n n

n n n n n n

n n n n n n

m

m m m m m

m m m m m

m m m m m

m m m m m

h h h h h

h h h h h h

h h h h h h

h h h h h h

h h h h h h

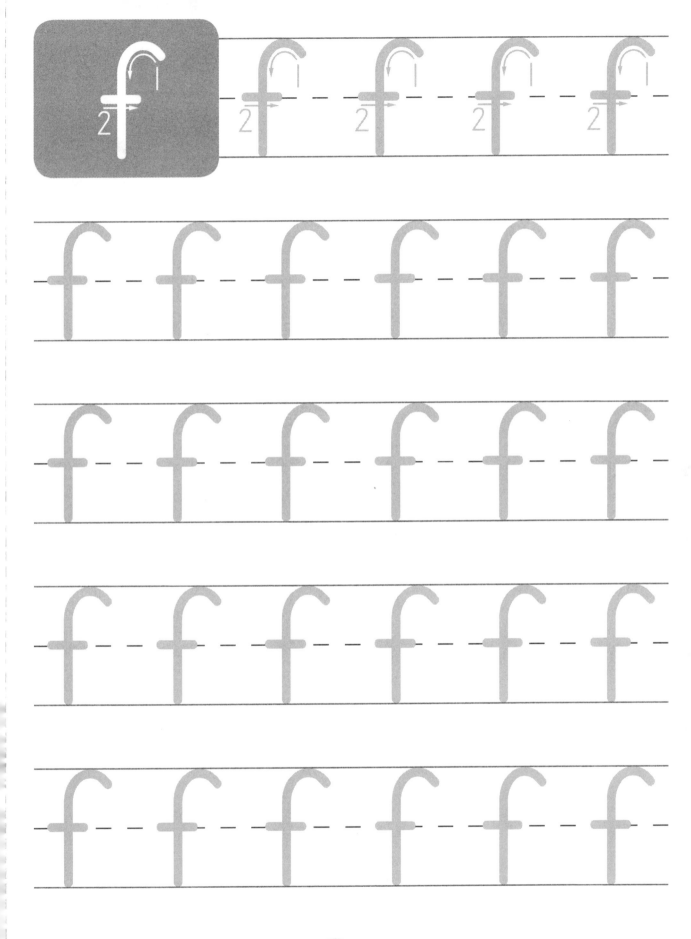

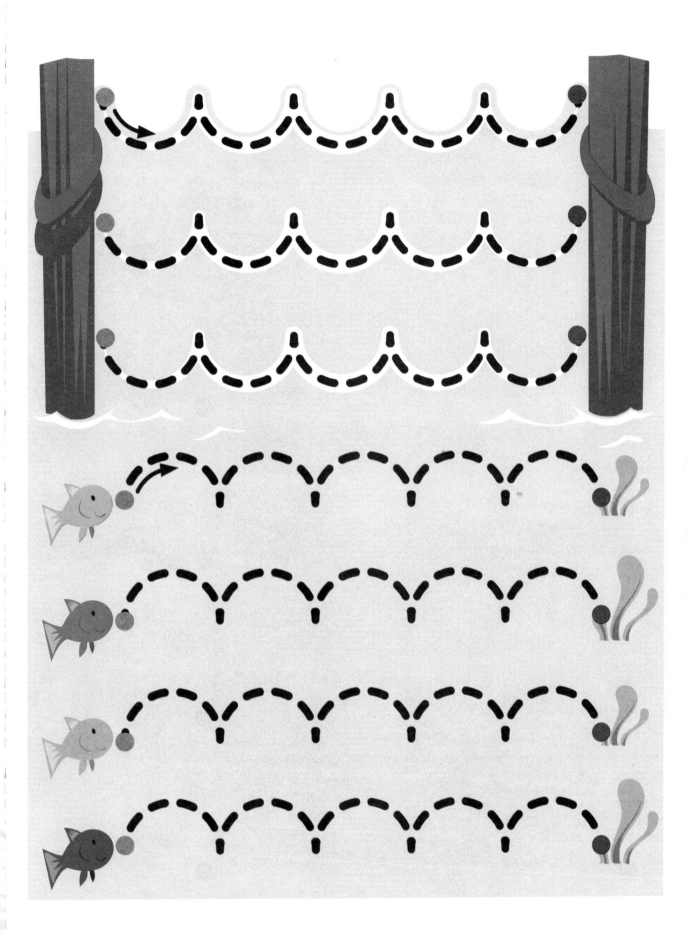

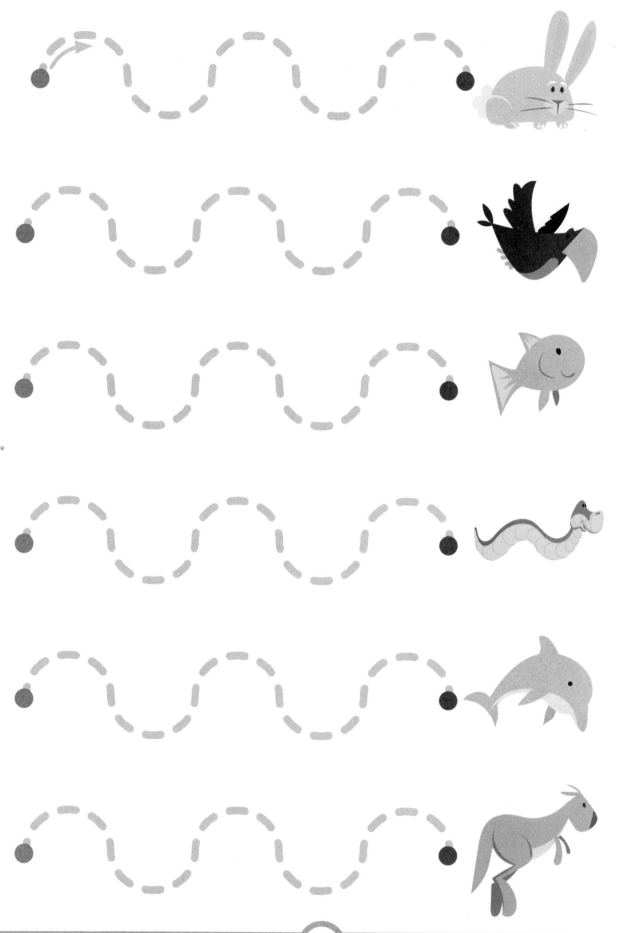

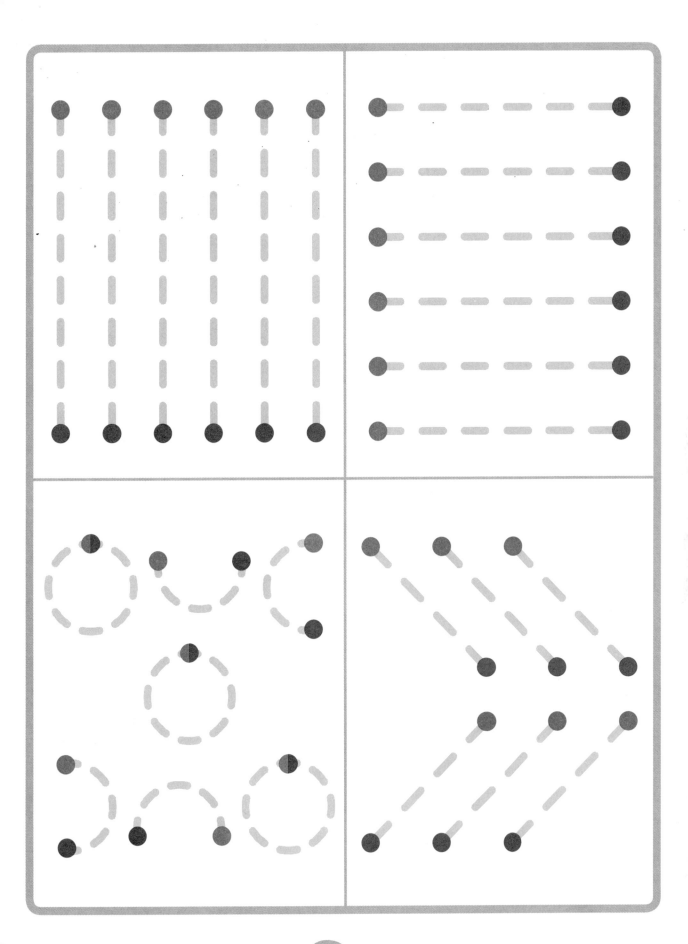

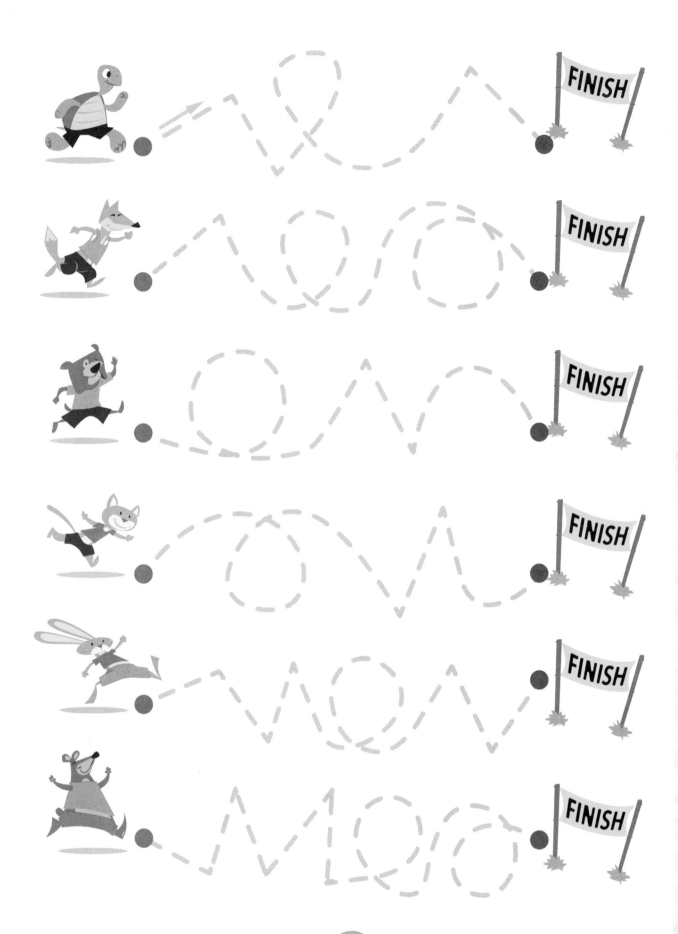